LA TANTE

NOTICE HISTORIQUE

SUR

ANTOINETTE MONTET

Fondatrice du Séminaire de Verrières (Loire)

Par l'Abbé C. C.

Prêtre du diocèse de Lyon

LYON

P. N. JOSSERAND, LIBRAIRE-ÉDITEUR

3, PLACE BELLECOUR, 3,

1868

LA TANTE :

NOTICE HISTORIQUE

SUR

ANTOINETTE MONTET

Fondatrice du Séminaire de Verrières (Loire)

PAR L'ABBÉ C. C.

Prêtre du diocèse de Lyon

LYON

P. N. JOSSERAND, LIBRAIRE-ÉDITEUR

3, PLACE BELLECOUR, 3,

—

1868

AVERTISSEMENT

Une saison, quelquefois un jour, une heure effacent la piste d'une caravane dans le désert. Aujourd'hui qu'on écrit tout, une génération emporte implacablement le souvenir des faits confiés à la seule mémoire des hommes : voilà pourquoi nous livrons à la presse des faits dont il reste peu de témoins, regrettant nous-même d'avoir laissé mourir, avant de commencer ce petit travail, bien des personnes qui auraient enrichi ce récit de leurs souvenirs.

LA TANTE :

NOTICE HISTORIQUE

SUR

ANTOINETTE MONTET

Fondatrice du Séminaire de Verrières (Loire).

———⟶◉⟵———

Sur les limites de l'Auvergne, au sud-ouest de
Montbrison, un peu à gauche de la route dé-
partementale qui mène de cette ville à celle
d'Ambert, se développe, de la manière la plus
accidentée, un pays peu connu et bien singu-
lier. On dirait une contrée d'Ecosse apportée
sous le ciel de la France. Un climat froid et né-
buleux, des rochers gris et nus élevant leurs
pointes au milieu des pâturages, des eaux abon-
dantes suintant de partout en filets perdus ;
l'hiver, une épaisse couche de neige ; l'été, de

maigres récoltes autour des rochers dissimulés alors par les églantiers et les houx, et au dessus de tout, une vaste et sombre couronne de bouleaux tremblants et de noirs sapins, tels sont les traits frappants de ce paysage. Un ravin profond descendant de l'Ouest à l'Est en varie l'uniformité; il donne naissance à un petit ruisseau, qui, de rochers en rochers, suivant les contours du vallon, va se briser contre les premières assises du chateau du Rousset, vieux manoir de la grande famille de Damas, et après avoir traversé la plaine du Forez, se perd dans la Loire.

Le fond du vallon se relève un moment en forme de promontoire, à l'angle de deux ravins: C'est là qu'est bâti le petit village de Gumières, composé de cinquante feux peut-être. C'est un amas irrégulier de chaumières, à peine élevées d'un étage, mal éclairées par de rares et petites fenètres, grises comme la pierre et le sol avec lequel elles se confondent par la couleur.

Le groupe allongé des maisons est dominé par un clocher large et solide, d'une architecture lourde et grossière: l'église, audevant de laquelle il forme un porche, est un petit vaisseau à trois nefs, avec colonnes et fenètres du 15e siècle: mais on a peine à y reconnaître la manière grandiose de l'époque ogivale : la rigueur du climat, la fureur des orages, la modicité des ressources, tout a dû contribuer à arrêter l'élan de l'édifice et tenir ses voutes abaissées.

Ce qu'est aujourd'hui ce petit village, il l'était au dernier siècle, époque à laquelle commence notre récit.

Dans l'un des hameaux disséminés autour du village et dont l'aspect est encore plus humble, le 9 août 1735, naquit une fille que l'Eglise baptisa sous le nom d'Antoinette : son père s'appelait Jacques Montet : il jouissait d'une aisance relative ; possesseur d'un petit domaine, il avait un troupeau, des moutons, des vaches, mais ce n'était point à cela qu'il devait sa considération. Il était probe, honnête et surtout chrétien. Dans cette contrée éloignée des grands centres, éloignée de ces puissantes institutions monastiques qui seules alors travaillaient à l'instruction des pauvres, le peuple n'était pas lettré. Le bon paysan de Gumières ne put donc songer à donner à sa fille et à ses autres enfants, une instruction dont il ne connaissait pas le prix. Tout se borna à des principes de lecture. Mais la jeune Antoinette reçut de ses parents et du curé du village, une connaissance complète de la doctrine chrétienne, connaissance plus rare aujourd'hui peut-être, malgré tout l'éclat des corps enseignants, qu'à cette époque où la

science du cathéchisme primait toutes les autres et formait au moins des sujets soumis et des
hommes laborieux et chrétiens.

Antoinette Montet en profita d'une manière
merveilleuse, puisque, s'il faut en croire les
souvenirs recueillis sur les lieux, elle fut remar-
quée, dès son jeune âge, par une conduite pieuse
et raisonnable. Elle grandit au sein de sa famille,
et selon l'usage invariable du pays, on lui con-
fia la garde d'un troupeau, dès que sa force l'en
rendit capable.

Nous n'avons rien à dire de cette époque de
sa vie : elle commençait dans le calme une car-
rière qui plus tard devait être livrée à des agi-
tations que rien n'aurait du faire prévoir ; nous
hésitons presque à raconter un événement qui
fera sourire plus d'un lecteur ; mais puisque ce
fait est vivant dans la mémoire des vieillards
de cette commune, nous le raconterons dans sa
simplicité. Dieu ne marque-t-il pas de traits
particuliers ceux qu'il destine à ses œuvres ?

Antoinette avait seize ans : un jour de prin-
temps qu'elle gardait son troupeau dans un pâ-
turage isolé, au milieu des bouleaux et des sapins, elle vit tout-à-coup apparaître un jeune
homme élégant et d'une tournure séduisante ;
il s'avançait vers elle, et sans doute ses paroles
et ses manières révélèrent à l'innocente jeune

fille des intentions criminelles. Elle se précipita
à genoux, tendit les mains au ciel, en s'écriant :
« O Marie ! O ma mère ! je ne veux jamais être
qu'à vous ! » Elle se releva : le jeune homme
avait disparu. Ce fut, croit-on, à cette époque,
qu'elle se consacra au Seigneur par le vœu de
chasteté perpétuelle.

Quelques années encore, elle vécut au milieu
de sa famille, dans le travail simple et pauvre,
consolant ceux qu'elle aimait, par sa présence,
ses paroles, sa conduite, de toutes les rigueurs
de la vie, répandant autour d'elle le calme par-
fum de la vertu modeste et écoutant dans la
sereine tranquillité des champs les inspirations
qui du ciel descendent comme une rosée sur le
cœur pur et bien intentionné. Longtemps elle
se crut appelée à la vie religieuse : elle ne s'en
rendait pas compte, mais les rares qualités dont
elle était douée, cherchaient un champ plus
vaste ; l'élévation naturelle de son esprit, le courage de son cœur, l'intrépidité de son âme,
unies à une santé merveilleuse, à une gaieté
vive, à une ardente piété, tout la poussait à
échanger sa vie retirée contre une existence
de zèle et de dévouement. Elle songea donc et
longtemps à embrasser la vie religieuse dans
quelque ordre enseignant : nous ne savons ce
qui mit obstacle à l'accomplissement de son

désir. L'occasion lui manqua-t-elle? Ses parents s'y opposèrent-ils? qui le sait? ne fut-ce pas plutôt la Providence qui la retint dans cette contrée où elle lui réservait une sainte mission ?

Cependant le soin des troupeaux ne pouvait plus suffire à un caractère de cette trempe. Elle avait vu grandir auprès d'elle la fille de son frère aîné : elles étaient presque du même âge, mais Antoinette avait formé l'âme de sa nièce sur la sienne, par leurs rapports continuels, par leur vie commune, par les qualités saillantes qui lui donnaient une influence irrésistible autour d'elle. La nièce et la tante se trouvant avoir les mêmes désirs en entreprirent ensemble l'exécution. Elles quittèrent la maison natale et vinrent du hameau au village : il leur fallait être plus près de la maison de Dieu pour satisfaire leur piété et arriver au résultat qu'elles cherchaient.

Il n'y avait dans la pauvre paroisse aucune école, elles entreprirent de combler cette lacune en donnant elles-mêmes des leçons ; il n'y avait aucun secours pour les malades indigents, elles consacrèrent leur vie à les soulager. On vit donc ces deux personnes, moins unies encore par le sang que par la charité, s'établir ensemble dans une maison du village, et bientôt leur présence y fut si précieuse, leur bonne influence si continuelle, que tout ce peuple, adoptant le langage de la nièce à l'égard d'Antoinette , l'appela comme elle : Tante. Leur maison devint pour tous la maison de la Tante. Allez aujourd'hui, après un siècle, dans cette localité inconnue, demandez à qui vous voudrez la maison de la Tante et les enfants vous la montreront. Elle n'est plus cependant entre les mains de la famille Montet, mais il se passa dans cette humble demeure de si admirables choses, que le souvenir ne peut s'en effacer.

Les enfants du village accoururent en foule aux leçons des humbles filles : sans instruction elles-mêmes elles obtinrent d'étonnants succès : l'influence de leurs vertus, la douceur et l'aménité de leur caractère, développèrent dans cette jeunesse, un esprit de piété, d'ordre et de courageuse patience, qui produisirent ensuite de merveilleux résultats. C'est un fait admis dans le pays que les enfants, élevés par elles, sont devenus les personnes les plus sérieuses, les plus instruites et les plus aisées de cette Paroisse.

Ce dévouement de chaque jour fixa sur les deux charitables filles l'attention universelle de

la contrée : un prêtre vieux et infirme, M. Cro-
combette, s'était retiré dans une maison voisine,
où il vivait de son modeste patrimoine ; plus
que personne il put et sut comprendre les intentions d'Antoinette Montet, et quand il vit
approcher la fin de ses douleurs et de sa vie,
il légua tout ce qui lui restait de sa petite
fortune à la Tante ; Antoinette n'était plus
connue que sous cette appellation que nous
serons heureux de conserver dans tout ce
récit.

Il ne pouvait confier à des mains plus fidèles
et plus intelligentes ses pieuses intentions.
La Tante, heureuse de plus de ressources,
étendit aussitôt le cercle de ses bienfaits ; dès
lors il n'y eut plus de malades qu'elle ne visitât
les mains pleines de remèdes et de douceurs ;
plus de pauvres ménages qu'elle ne pourvût
contre les rigueurs de l'indigence et des hivers ;
sa maison devint une espèce d'asile pour toutes
les misères, et plus d'une fois elle abrita et
hébergea pendant longtemps vingt à trente
malheureux. Toutes les ressources dont elle
pouvait disposer ne s'élevaient peut-être qu'à
quinze-cents francs de valeur actuelle, en revenu: comment donc pouvait-elle suffire à tant
de bienfaits ? Le pays n'y trouvait qu'une expli-
cation: les miracles de la Providence et de la

charité ; nous n'essayerons pas d'en donner une autre.

Cependant le temps courait avec sa rapidité régulière ; pendant que l'humble fille étonnait ce petit pays par son zèle et sa charité, la monarchie française, tourbillonnant dans l'ivresse immonde du règne de Louis XV, était arrivée entre les mains trop faibles du vertueux Louis XVI. L'heure funeste sonna : une catastrophe générale souleva la société comme un volcan et confondit, dans une ruine commune, les castes, les institutions, le trône et l'autel. De la capitale la révolution déborda sur les cités, des cités sur les villages et jusque sur les campagnes les plus reculées.

En 1790, la Tante avait cinquante-cinq ans ; il y avait longtemps déjà que sa vie était consacrée au bien ; sa nièce avait déjà succombé dans les efforts du zèle et de la charité ; il semble que la vertueuse fille aurait dû en présence de l'immensité des maux qui arrivaient, pliant sous le poids de l'âge et des fatigues, renoncer à la vie active et se contenter de servir dans le silence le Dieu dont on brisait partout les autels ; mais elle avait conservé toute la vigueur de sa jeunesse, toute l'énergie de son âme et elle se crut encore capable de travailler pour son maître et pour son prochain.

Le Forez ne fut pas oublié par la Révolution ; les commissaires de la Convention y montrèrent une ardeur incroyable pour le mal ; le tribunal révolutionnaire, siégeant à Feurs, répandait partout ses agents grossiers, avides et cruels : les nobles et les prêtres étaient trainés à la prison et à l'échafaud, les églises pillées, les cloches brisées et fondues.

Le culte public, conservé par les prêtres assermentés dans beaucoup de paroisses, en disparut quand la convention, ne voulant plus ni des constitutionnels, ni des réfractaires, ferma toutes les églises, interdit toutes les cérémonies. Mais un grand nombre de prêtres échappèrent aux persécuteurs et, adoptant le genre de vie des apôtres à l'origine de l'Eglise, continuèrent à exercer secrètement leurs saintes fonctions. Dans les villes sous le costume de l'ouvrier, dans les campagnes sous tous les déguisements, ils ne cessèrent de fournir à ceux qui le désiraient le secours de leur ministère.

Les montagnes de l'ouest du diocèse, habitées par un peuple simple, pauvre et plein de foi, dérobèrent un grand nombre de prêtres au tribunal de Feurs, et il y avait peu de paroisses qui n'eussent à leur disposition, des prêtres non assermentés ou revenus d'une criminelle faiblesse.

La Tante, dans son humble village de Gumières, ne manqua pas cette occasion de dévouement. Sa bonne renommée, la considération qui l'entourait, firent accourir à elle tous les prêtres de la contrée ; ils savaient que, dans la sainte industrie de son zèle, elle leur trouverait un asile et rendrait fructueux leur ministère persécuté. Bientôt ils furent six autour d'elle et pour ainsi dire sous sa main, puis ce nombre alla jusqu'à quatorze ; mais elle se gardait bien de les loger dans sa maison ; c'eût été le moyen certain de les perdre. Car sa vertu, connue au loin, attira sur elle la surveillance particulière des séides de Javogues, le sanguinaire proconsul de Feurs : aussi bien souvent le jour et la nuit, des bandes armées envahirent sa demeure, fouillant partout pour découvrir un prêtre ; la courageuse fille les laissait opérer sans trouble ; son regard clair et ferme et quelquefois sa parole mordante défiaient et trompaient les ignobles persécuteurs. C'est que, ses prêtres, comme elle les appelait, étaient en lieu sûr, l'un dans une ferme isolée près des grands bois, l'autre dans une caverne au milieu des broussailles, celui-ci au milieu des champs sous la veste d'un laboureur ou sur le chevalet du scieur-de-long, celui-là à deux ou trois lieues de Gumières, dans une autre paroisse.

On comprendra cependant quelle prudence, quelle discrétion était nécessaire à la Tante, pour accomplir sa pieuse mission ; quand il y avait un malade dans les environs, quelquefois à de longues distances, c'était à elle qu'on venait secrètement demander le ministère d'un prêtre. Alors comment discerner les demandes sincères des pièges perfides ? comment ne pas se compromettre, même par des questions, tout en voulant pourvoir à un besoin dont il fallait avant tout constater la réalité ?

Il est vrai qu'elle était admirablement secondée par les habitants du pays ; ils étaient pleins de foi, et elle avait conquis sur eux, par ses longs bienfaits, un ascendant incontestable et une confiance sans bornes ; leur dévouement n'en connaissait pas. Fallait-il cacher un prêtre, lui servir de guide, aller en éclaireur à la découverte des besoins ou des dangers, ils suivaient les instructions de la Tante et accomplissaient des prodiges de courage ou d'adresse. Grâce à toutes ses précautions, le prêtre, averti secrètement, par des chemins détournés, se dissimulant sous des costumes divers, suivi de loin par des amis pour le protéger en cas d'alerte, s'en allait, presque toujours sûrement, remplir ses augustes mais périlleuses fonctions.

Chaque dimanche, pour satisfaire la piété de son âme et la foi du peuple, la messe était célébrée en quelque endroit de la paroisse où les fidèles pouvaient se réunir. Pendant la mauvaise saison, une maison, plus souvent une grange à fourrages devenait le temple où le Dieu des catacombes s'immolait. Pendant l'été, la vaste étendue des bois, la profondeur des vallons, fournissaient une enceinte plus spacieuse; mais dans aucun temps la Tante n'aurait permis d'accomplir les saintes cérémonies, sans prendre toutes les précautions de la prudence. Elle déployait alors une finesse, une habileté dont on ne saurait se faire une idée, disposant, comme un général expérimenté, les sentinelles pour annoncer, de loin et à temps, le moindre danger.

On comprend que nous ne saurions entrer dans le détail de tous les évènements qui agitèrent la vie de cette courageuse fille pendant tout le règne de la Terreur : déjà le temps a couvert de son voile bien des épisodes intéressants ; d'ailleurs, on s'exposerait à des longueurs que notre cadre ne comporte pas. Qu'il suffise de dire que si jamais son zèle ne se lassa, jamais aussi sa générosité, son

dévouement et sa prudence ne furent en défaut.

Nous citerons seulement deux épisodes.

L'abbé Perrin était caché dans le château du
Soleillant ; comment se laissa-t-il surprendre ?
Nous ne pouvons le dire : toujours est-il qu'il
tomba entre les mains des agents du tribunal
révolutionnaire. La prison, c'était l'échafaud au
bout de quelques jours. On s'empare de lui, et
par des motifs que nous ignorons, au lieu de
l'emmener à Feurs, on le dirige enchaîné vers
la petite ville d'Ambert. Cette fatale nouvelle
est portée à la Tante ; elle réunit aussitôt les
plus discrets et les plus intrépides de ses voisins, leur recommande de se déguiser, de s'ar-
mer, et les envoie sur la route que devaient
suivre le prêtre et ses gardiens. Entre Saint-
Anthème et Ambert, la route traverse le grand
bois de la Frétisse ; quand l'escorte du pri-
sonnier se trouve engagée dans le milieu de la
forêt, des fossés du chemin, des bords du bois,
du milieu des broussailles, la figure noircie,
sous tous les costumes, armés de fourches et
de fusils, des hommes se lèvent et apparais-
sent poussant de grands cris ; l'escorte peu
nombreuse hésite devant cette foule bizarre et
menaçante ; on la presse de toutes parts, on la
disperse, on délivre le pauvre prêtre sans verser

une goutte de sang, puis tous disparaissent dans les bois. Comme ce hardi coup de main s'était accompli loin de Gumières et de la Tante, personne ne soupçonna qui l'avait conçu et exécuté. Ainsi fut conservé à l'Eglise un prêtre qui devait l'honorer et la servir. Car nous pensons qu'il s'agit ici du célèbre abbé Perrin, passé ensuite en Italie et revenu plus tard à Lyon où il fit tant de bien en qualité d'aumônier des prisons.

Il nous est impossible de donner la date précise de cet évènement : ceux qui écrivent d'après la tradition éprouvent souvent cet embarras ; il en est de même du fait suivant.

Trois prêtres, de ceux qui vivaient dans le rayon de la Tante, avaient été surpris et enfermés dans le monastère de la Visitation de Montbrison, devenu prison publique : de là à Feurs, où la guillotine était en permanence, il n'y avait pas loin. Parmi eux se trouvait l'abbé Périer, originaire de Périgneux (Loire), qui, depuis longtemps, exerçait ses fonctions dans le pays, après avoir rétracté le serment qu'il avait prêté d'abord ; nous ignorons le nom des autres. Les sauver était une entreprise difficile et dangereuse ; la Tante osa l'essayer.

Elle connaissait le geolier : tant de fois déjà, en d'autres occasions, elle avait frappé à cette

porte pour visiter les prisonniers. Car plus d'un
de ses prêtres avait été renfermé dans ce lieu,
et toujours elle avait obtenu de les visiter, de
les assister, de les consoler dans leur captivité;
si elle n'avait pu les sauver de la mort, au
moins les avait-elle fortifiés de ses bonnes
paroles, tout en les vénérant comme des mar-
tyrs. Le geolier la connaissait aussi, et comme
il était au fond meilleur que ne le faisaient
soupçonner ses fonctions, il la recevait facile-
ment. C'est le cas de dire que, douée d'un caractère plein de gaîté et d'entrain, elle savait au
besoin prendre des allures hardies et familières,
pour dissimuler son rôle et arriver à ses fins.
Elle l'avait gagné par son faible, en lui faisant
accepter une bonne part des douceurs qu'elle
apportait aux prisonniers. Car pour les secou-
rir, à défaut d'autres ressources, elle implorait
les largesses de quelques familles riches, qui
vivaient encore à Montbrison ; elle en obtenait
du vin, du pain blanc, de la viande, quelquefois des liqueurs fortifiantes, et pour que le concierge laissât arriver ces secours aux détenus,
elle avait soin de lui en faire prélever une large
dîme.

Comme il s'agissait ce jour-là de trois prisonniers et qu'elle voulait tenter un résultat
plus considérable, elle s'approvisionna plus

abondamment qu'à l'ordinaire, et ajouta aux aliments, bon nombre d'écus de six livres ; ainsi armée, elle arriva à la geole à la chûte du jour.

C'était à l'époque du siége de Lyon, et la République usait de toutes ses ressources pour vaincre la résistance héroïque de cette cité. On avait appelé toutes les garnisons des villes voisines à l'armée de Dubois-Crancé et la garde des prisons avait été confiée aux municipalités. Un seul des gardes municipaux était en faction quand la Tante arriva ; il ne lui fut pas difficile de se faire ouvrir la porte extérieure.

— Ah ! ah ! te voilà, la Tante ! lui dit le geolier ; nous avons de tes amis en cage.

— Et vous m'attendiez, n'est-ce pas, citoyen?... Et en avez-vous bien soin .. de mes amis ?...

— Ta, ta, ta !... aujourd'hui ici, demain à Feurs, après-demain... ici le geolier fit un geste à la vue duquel la tante put à peine dissimuler un frisson.

— Les pauvres gens ! dit-elle ; mais au moins vous me permettrez bien de les voir et de les réconforter un peu.

En même temps elle montrait au geolier ses vastes poches bourrées de provisions et d'où sortaient les têtes de deux bouteilles : la loge était ouverte, elle entre, dépose une bouteille, puis une autre et l'engage à goûter.

— Nous trinquerons, dit-il, et mettant deux verres sur la table, il verse, et s'exclame sur la qualité du vin.

Le cœur plein d'angoisses, la tante lui fait raison, babille avec lui, verse fréquemment à boire et fait tinter par des mouvements calculés les écus de six livres qu'elle a apportés.

— Diable! diable! dit-il, tu as les poches pleines d'écus, dans un temps où la république n'a que des assignats!

— Oui, j'en ai, dit la Tante, et ils seront pour toi, citoyen, si tu veux être bon enfant.

Alors elle entreprend de lui persuader qu'il doit rendre les prêtres arrêtés à la liberté: elle fait tour à tour briller devant lui l'innocence du fait, la certitude de l'impunité et l'appat de la récompense.

— Feignez une maladie subite, une attaque, une colique, donnez-moi les clefs et pendant qu'on s'empressera autour de vous, je trouverai bien le moyen de faire échapper les prêtres sans qu'on les aperçoive: le vin, l'amour du lucre opéraient leur effet.

— Fais comme tu l'entendras, mais si je suis soupçonné je te dénonce au tribunal.

— Ne craignez rien: laissez-moi agir, et tout

se passera sans que vous puissiez être compromis.

En même temps elle prend les clefs cachées sous le traversin du geolier, qui lui indique celle de la cellule des prêtres.

Le cœur plein de joie, la Tante court à cette porte, l'ouvre et voyant les trois captifs à genoux : Levez-vous, leur dit-elle, vous êtes sauvés! Plus tard, je vous dirai comment. Mais pour ne compromettre personne, brisez la serrure, et ne sortez pas que je ne vienne vous chercher. — A vous maintenant, dit-elle, revenue à la geole, à vous de bien faire votre jeu. Voilà tous mes écus de six livres : allons, une bonne colique, tordez-vous, criez fort, roulez-vous sur le sol et je me charge du reste.

Cet homme l'a comprise : voilà qu'il se met à gémir, à pousser des hurlements épouvantables ; il s'agite en soubresauts, se tord les membres. La Tante court à la porte extérieure et s'adressant au factionnaire municipal : Au secours! dit-elle, voulez-vous laisser mourir le citoyen geolier? Entendez ses cris : il s'assommera, si on ne vient le retenir.

Le garde se précipite, dépose son arme à la porte de la loge, pour soulever le malade : la Tante le prend par les pieds et ils parviennent ensemble à le hisser sur son lit. Mais continuant admirablement son rôle, le geolier gémissait, hurlait, se tordait de plus belle.

— Attendez-moi, tenez-le bien, je cours chercher l'apothicaire, dit la Tante... Et elle court à la prison où les prêtres l'attendaient, après avoir endommagé la serrure le plus possible : en route, leur souffle-t-elle, gagnez la porte derrière moi et, à minuit, je vous rejoins au bois de la Peyre.

Ils se glissent derrière elle, arrivent en la suivant à la porte extérieure demeurée entr'ouverte et pendant qu'elle rentre dans la loge du concierge, les voilà dans la rue sombre et déserte, puis hors la petite ville, puis sur les chemins détournés de la montagne.

Peu à peu le geolier se calma, ses cris diminuèrent, les doses de liqueur que lui administrait la tante, un mot qu'elle lui souffla, produisirent leur effet; le garde municipal, remit son fusil à l'épaule, recommença sa promenade dans la rue, et la tante, montée sur la petite jument qui la portait dans ses courses, reprit le chemin de Gumières. Dire sa joie et celle de ceux qui lui devaient la liberté, quand ils se retrouvèrent à minuit, serait impossible.

Le lendemain, on trouva vide la prison des prêtres: la serrure était disloquée et il fut constaté qu'ils s'étaient échappés avec bris et effraction. Les grands évènements qui se passaient alors à Lyon, la surprise, à St-Anthème, du général Nicolas et de ses dragons par un parti de muscadins, firent oublier cette évasion hardie et empêchèrent les recherches.

Tant que dura la terreur, la Tante mena cette vie agitée des mêmes sollicitudes, animée du même zèle et de la même intrépidité. Et ce n'était pas sans danger qu'elle se vouait au bien. Non seulement le prêtre était poursuivi, mais tous ceux qui le favorisaient tombaient sous le coup de la loi des suspects. Un prêtre avait trouvé un asile dans une maison de cultivateurs à Lérigneux, petite paroisse voisine : les agents révolutionnaires arrivent pour fouiller le logis, le prêtre s'échappe par une fenêtre du grenier et gagne les bois d'alentour ; mais, dans sa fuite précipitée, il a laissé tomber son bréviaire : c'est une preuve convaincante de sa présence dans la maison et de la complicité des paysans. On arrête le père et la mère Deffarges, on les enlève à leurs sept enfants ; ils sont condamnés à mort et exécutés. Ce trait fera comprendre à quels dangers s'exposait chaque jour la Tante et combien il lui fallait d'adresse et de prudence pour éviter ou détourner les soupçons.

La chute de Robespierre et le règne du directoire apaisèrent l'ardeur de la persécution : les terribles décrets ne furent pas rapportés, le culte public ne fut pas autorisé, mais dans les lieux écartés, au milieu des populations toutes catholiques, les prêtres purent souvent remplir leurs fonctions. Un bien petit nombre avait survécu à des luttes si longues et si sanglantes : le recrutement du sacerdoce avait complètement cessé ; quelques apostasies et beaucoup de martyres avaient réduit à rien la milice de l'Eglise ; le mobilier des temples, les ornements somptueux, les magnifiques vases sacrés que la piété des âges passés avait multipliés n'étaient plus ; les presbytères avaient été vendus ou démolis ; les prêtres sans demeures, sans ressources étaient aussi dénués que les apôtres de l'église primitive, et le culte qu'ils pouvaient rendre à leur Dieu aussi pauvre que celui des catacombes. La persécution finie, la Tante consacra sa vie à la restauration du culte, à la satisfaction des besoins essentiels des prêtres et à l'espérance de voir éclore des vocations ecclésiastiques. Là furent désormais ses soins : sa modeste demeure, son simple mobilier, sa table frugale étaient toujours à la disposition des prêtres échappés à l'orage. La vieillesse était arrivée pour elle, mais sans infirmités, sans lassitude, sans froideur. Les maux de l'Église et la gloire de Dieu l'intéressaient plus vivement que jamais : son cœur se désolait surtout à l'aspect du vide immense qui s'était fait dans les rangs du clergé, et nuit et jour elle rêvait aux moyens de repeupler le sanctuaire d'un nombre suffisant de ministres.

Enfin arriva le moment où le Génie qui avait comprimé la Révolution réconcilia la France avec Rome par le concordat. Les églises se rouvrirent : mais ce fut alors qu'apparut désolante l'insuffisance du nombre des prêtres. La Tante en éprouva une douleur poignante. Mais que pouvait à cela l'humble fille ? Sa petite aisance s'était grandement diminuée par le dévouement qu'elle avait pratiqué dans les mauvais jours. N'importe : il lui semblait sans cesse que Dieu l'appelait à faire quelque chose pour la diminution du mal. Elle priait, se mortifiait, demandant au Seigneur de lui faire connaître sa volonté.

Il y a à l'église de St-Jean-Soleymieux, à une heure de Gumières, une crypte où l'on invoque Marie, sous le nom de Notre-Dame-de-Soubsterre. La Tante avait grande confiance à ce pélerinage : que de fois déjà, aux époques de ses plus grandes perplexités, n'avait-elle pas invoqué avec succès le secours de N.-D.-de-Soubsterre ! Dans son angoisse actuelle, elle se rappela qu'on n'invoque jamais en vain la Mère de Dieu, et un jour, bien avant l'aurore, elle entreprit ce pélerinage, avec Jeanne Chalancon, pieuse fille, qui était sa servante ou sa compagne et dont nous tenons cette partie de notre récit. Elles priaient en route, abrégeant ainsi le chemin et cherchant à prévenir en leur faveur celle qu'elles allaient invoquer. L'aube blanchissait, la flèche de l'église leur apparaissait, quand tout-à-coup la Tante tombe à genoux en s'écriant :

— Ah ! voyez, voyez. Sa compagne ne voyait rien, mais elle se garda bien de troubler la Tante en extase au milieu du chemin et les yeux fixés dans la direction de l'Eglise. Après quelques minutes elle se releva, la figure rayonnante de joie. Allons remercier Notre-Dame, dit-elle, nous sommes exaucées ; je sais ce que j'ai à faire. Bientôt elles arrivèrent à la crypte, où elles prièrent longtemps.

Au retour, la Tante, pleine d'une sainte gaîté, raconta à sa compagne sa vision du matin :

— Tout-à-coup, lui dit-elle, au dessus de la flèche de l'église, j'ai vu Notre-Dame, toute brillante d'éclat, mais avec une figure si bonne, que cette image ne me quittera jamais. Elle était dans une niche en treillis d'argent ; elle m'a montré, de sa main, un paysage que je voyais comme je vois les champs qui s'étendent au bord du chemin. C'était le paysage de Verrières avec son grand clocher et le chateau du Soleillant. Alors elle m'a dit : c'est là qu'il faut établir un Séminaire, là que s'alimentera abondamment le nombre des prêtres. — Oh ! ma pauvre Jeanne, que je suis heureuse et que Notre-Dame est bonne !

Nous donnons le fait comme nous l'avons reçu ; illusion ou réalité, il fut un trait de lumière pour la Tante. Dès le lendemain, elle annonça le projet de vendre sa petite propriété, sans révéler autrement son dessein. Les acquéreurs se présentèrent en grand nombre, et la vente détaillée produisit une somme d'environ vingt-mille francs.

Trop humble et trop simple pour se croire capable de rien par elle-même, elle prit ensuite le chemin de Verrières, pour charger le curé de cette paroisse de remplir ses intentions. Ce curé était alors le même abbé Périer, qu'elle avait si heureusement tiré de la prison du District. Elle avait quelques droits de s'en faire écouter ! La Tante lui raconta ses ardents désirs, ses longues hésitations et la manière merveilleuse dont elles avaient cessé, par l'intervention de la Sainte-Vierge. J'ai vendu ce que je possédais, ajouta-t-elle, en voici le produit ; employez-le selon les vues de la Providence, à la fondation d'un séminaire, ici. C'est peu pour commencer, mais Dieu fera le reste.

Ainsi, la pauvre fille s'oubliait elle-même, ne stipulant rien pour son avenir.

M. Périer ne pouvait repousser un projet si avantageux à l'Eglise : il reçut quelques élèves dans son presbytère et dans la maison Duchevalard, qui était attenante, et le séminaire de Verrières fut fondé au moment où des prêtres zélés en créaient d'autres à Roche, à St-Jodard et à l'Argentière.

Avec l'argent fourni par la Tante, M. Périer acheta le château du Soleillant et une partie de son domaine. Ici l'histoire, toujours vraie et sévère, est obligée de mentionner que cette acquisition, d'un local plus vaste, dans un site évidemment plus favorable à un séminaire, fut détournée de son but. On eut cependant la précaution de réserver, en vendant le château, le droit pour la Tante d'y loger et d'y vivre jusqu'à la fin de ses jours.

Antoinette Montet était arrivée au terme de sa vie militante : soixante-et-dix ans de travaux, de luttes, de perplexités avaient passé sur elle : n'avait-elle pas conquis le droit de vivre dans la paix, à côté de ce séminaire qu'elle avait fondé, à la prospérité duquel elle assistait, qu'elle voyait rempli de jeunes gens laborieux, dirigé par des maîtres pieux et habiles et fournissant chaque année à l'Eglise, des prêtres capables de réparer les ruines des années précédentes? Il plut à la Divine Providence de la laisser longtemps encore, comme l'ange de la Prière, auprès de cet établissement.

Elle vivait donc dans ce château dévasté, auquel la Révolution n'avait laissé ni meubles, ni tentures, ni fenêtres closes. Une vaste chambre, la salle à manger et la cuisine offraient seules un abri contre la rigueur des saisons : c'était là qu'elle vivait plus pauvrement que dans tout son passé, se contentant de légumes et de laitage, et ce ne fut que bien tard, après son arrivée au Soleillant, que son estomac ne pouvait plus digérer le pain de seigle, il fallut lui donner le pain de froment du séminaire.

Cependant la vieillesse ne put lui faire aimer l'oisiveté, et là, comme plus tôt à Gumières, elle se consacra à l'instruction des enfants : on lui envoyait tous ceux des paysans voisins et elle leur enseignait la lecture et le catéchisme. Tant que sa vue lui permit de distinguer les lettres, elle se livra à cette occupation, qu'elle ne cessa pas même quand ce sens périt en elle : on la vit aveugle apprendre encore à lire aux enfants, et c'est dans cet état qu'elle nous fit connaître les caractères avec lesquels nous traçons ces lignes.

Il nous resterait à parler des vertus qu'elle pratiqua toute sa vie ; mais comment entrer dans le secret de cette âme et connaître les relations qu'elle eut avec son Dieu? Sa piété avait été le principe des vertus de son jeune âge, elle fut son appui dans les luttes de la Révolution et sa consolation jusqu'à sa dernière heure. Elle priait sans cesse : toutes les formules des prières chrétiennes lui étaient familières ; le chapelet était son délassement et tant de fois elle en avait égrené les *Ave*, que le pouce de sa main droite garda jusqu'à sa mort le mouvement nerveux de cette opération. Quand elle eut entièrement perdu la vue, ce qui arriva vers 1820, il sembla qu'elle s'adonnait plus que jamais à la prière mentale : sans doute elle ne suivait pas les règles tracées par les auteurs de Traités de l'Oraison, mais que de doux entretiens ne devait pas avoir avec son Dieu, cette pieuse fille, qui l'avait servi lui et les siens, avec tant de zèle, d'abandon et de courage, pendant un siècle presqu'entier.

Sa charité ne s'éteignit pas dans les glaces de la vieillesse : après la Révolution, comme auparavant, elle ne vécut que pour obliger ; c'était par charité qu'elle instruisait encore les enfants, qu'elle visitait les malades, tant que ses forces le lui permirent. Et quand le mouvement lui fut impossible, avec quelle bonté ne recevait-elle pas ceux qui venaient lui demander des conseils sur leurs affaires, sur leur santé, leur indiquant sur ce point mille moyens de soulagement, puisés dans sa vieille expérience! Devons-nous dire ici, que dans son extrême décrépitude même, elle fut d'une habileté surprenante à rétablir les membres disloqués, à réduire les fractures les plus compliquées, de manière à étonner d'habiles chirurgiens, comme le célèbre docteur Vidal, de Montbrison? Grâce ou talent, c'est un fait public et certain.

Nous avons eu l'occasien de parler de son caractère aimable et joyeux: elle le conserva jusqu'à la fin, aimant la réplique vive et frappante, disant saintement le mot pour rire, et n'éloignant personne par les rudesses de la vertu. Simple comme les enfants, elle les aimait, les caressait, ouvrait leur intelligence par mille attrayants récits; elle les amusait même en leur chantant de sa voix cassée, les contes naïfs et les ballades chrétiennes de ces montagnes.

Et cependant sa vieillesse fut éprouvée par de cruelles souffrances: sa vie toujours laborieuse et rude, ses fatigues incessantes pendant

la tourmente révolutionnaire, le poids des années, amenèrent les infirmités et la décrépitude.
Sa taille se courba, ses membres se raidirent,
ses muscles perdirent leur souplesse, son estomac supporta difficilement la nourriture ;
alors elle fut soumise à des faiblesses fréquen-
tes, à des crampes douloureuses, à des spasmes
violents qui la mettaient souvent à deux doigts
du trépas. Mais au milieu de ces douleurs, sa
patience et sa bonne humeur ne l'abandonnè-
rent jamais ; jamais un mot de murmure ou
même de plainte ne sortit de sa bouche et elle
retrouvait sa gaieté dès que la crise était finie :
c'est le bon Dieu qui le veut, disait-elle à ceux
qui compatissaient à ses souffrances ; il a bien
souffert davantage pour moi. Cette douceur,
cette patience, étaient le fruit de la paix de son
âme : elle avait servi le Seigneur, avec une telle
simplicité, un tel abandon, qu'elle ne pouvait
douter de sa tendresse pour elle.

Il est vrai que bien des consolations vinrent
tempérer ses peines : ce séminaire, qu'elle avait
tant désiré, tant demandé, avait grandi rapide-
ment ; celui de Roche, supprimé, lui avait été
uni, et bientôt, il compta jusqu'à trois cents
élèves. Des professeurs laborieux et savants, des
Directeurs pieux et zélés, des supérieurs émi-
nents comme MM. Barou, Roux et Verrier, lui

donnèrent une inpulsion vigoureuse à laquelle rien ne manqua, pas même le succès. Le bon esprit des élèves, la force des études, le genre solide d'éducation, en développèrent au loin l'influence, malgré l'installation insuffisante de l'édifice qui n'est sorti de son mauvais état qu'au moment où, vingt ans après la mort de la Tante, il a été reconstruit par les libéralités de S. E. Monseigneur le cardinal de Bonald.

Il est plus facile de concevoir que de raconter les consolations de la Tante en présence de tels résultats. D'ailleurs elle était visitée sans cesse par les Directeurs de la maison ; ils venaient à elle pleins de vénération, heureux de la voir, heureux de l'entendre. Les Vicaires-Généraux en tournée, les prêtres les plus distingués du Diocèse, ne venaient jamais à Verrières, sans aller auprès d'elle. L'autorité Diocésaine avait permis de célébrer pour elle les saints mystères dans la chapelle du château, et le dimanche toujours, la semaine souvent, elle avait le bonheur de communier. Il eût semblé cruel, qu'après avoir sauvé la vie à tant de prêtres, après avoir rendu tant d'éclatants services à l'Eglise, la pieuse fille eût été privée, par la faiblesse de l'âge et l'éloignement de la paroisse, de la consolation des sacrements.

Enfin la Tante avait atteint sa 93° année :

l'heure de la récompense sonnait ; pleine de jours et de mérites, entourée de la vénération universelle, calme et confiante, elle expira en souriant le jour de la Pentecôte, à cinq heures du soir, 25 mai de l'année 1828.

Ses funérailles eurent lieu le mardi suivant, au milieu de la population entière de la contrée, des élèves et des maîtres du séminaire, et son corps fut déposé dans le cimetière de l'église de Verrières, devant le portail principal.

Il n'y a aucun monument sur cette tombe, mais on se raconte discrètement que bien des faveurs y ont été obtenues.

FIN.

LONS-LE-SAUNIER, IMPRIMERIE ET LITHOGRAPHIE DE H. DAMELET.